Dios creó
y todo lo que creó e... ...ó
al mundo y separó a las personas del Señor.
Desde el principio, Dios diseñó un plan para restaurar Su
relación con nosotros. Dios envió a Jesús para que fuera
el pago perfecto por el pecado, para que todos los que se
arrepientan de sus pecados y confíen en Él sean salvos.
A lo largo de la Escritura, Dios reveló este plan. Le pidió
a Su pueblo que confiara en Él, y señaló muchas veces la
muerte de Jesús, Su resurrección y eventual regreso.

Esta es una historia preciosa y llena de gracia.

© 2015 por B&H Publishing Group
Todos los derechos reservados. Derechos internacionales registrados.

Publicado por B&H Publishing Group, Nashville, Tennessee 37234
Publicado originalmente en inglés con el título *The Big Picture Gospel Story*. Copyright © 2015 por
B&H Publishing Group.

Escrito por Mary Wiley. Traducido por Gabriela De Francesco de Colacilli

ISBN: 978-1-4336-8725-9

Las citas bíblicas se han tomado de la Santa Biblia, Nueva Traducción Viviente, © Tyndale House Foundation,
2010. Usado con permiso de Tyndale House Publishers, Inc., 351 Executive Dr., Carol Stream, IL 60188,
Estados Unidos de América. Todos los derechos reservados.

Clasificación decimal Dewey: J226 | Clasifíquese: Evangelio / Jesucristo / Biblia

Impreso en LongGang District, Shenzhen, China, mayo 2017
2 3 4 5 6 7 * 21 20 19 18 17

Dios creó al mundo y a las personas

En el principio, existían Dios el Padre, Dios el Hijo y Dios el Espíritu Santo. Dios siempre existió y siempre estará presente. Creó todas las cosas en solo seis días.

El primer día de la creación, Dios creó los cielos y la tierra. Después, dijo: «¡Que haya luz!», y apareció la luz. Dios separó la luz de la oscuridad, haciendo así el día y la noche, y vio que la luz era buena. El segundo día, Dios creó el cielo, y el tercer día, creó la tierra seca en medio de los mares. Cada vez que Dios hablaba, se creaba lo que Él decía.

El cuarto día, Dios ordenó: «Que haya luces en el cielo», y creó el sol, la luna y las estrellas. Luego, el quinto día, declaró: «Que las aguas se llenen de peces y de otras formas de vida. Que los cielos se llenen de pájaros», y así fue. Llegó el sexto día y Dios dijo: «Que haya animales en la tierra», y así fue. Dios vio que todo lo que había hecho era bueno.

Por último, Dios dijo: «Hagamos a los seres humanos a nuestra imagen». Dios amaría muchísimo al hombre, y lo haría a imagen de Él, como ninguna otra criatura creada. El Señor tomó el polvo del suelo y formó un hombre. Con su propio aliento, Dios sopló y le dio vida al hombre, y lo llamó Adán. Entonces, Dios plantó un huerto en Edén y colocó a Adán allí para que cuidara ese jardín. Le dijo: «Puedes comer de cualquier árbol del huerto, pero no debes comer del árbol del conocimiento del bien y del mal. Si comes de ese árbol, morirás». Después, Dios vio que Adán necesitaba ayuda, así que tomó una costilla de su costado e hizo una mujer, y la llamó Eva. Dios les dio a Adán y Eva todo lo que necesitaban, y solo tenían una sola regla que Dios le había dado a Adán. Todas estas cosas sucedieron el sexto día, y en el séptimo día, Dios descansó de todo Su trabajo.

El plan de Dios para mí: Dios reina. Él creó todas las cosas y nada se escapa de Su control. ¿Por qué te creó Dios? Todo fue creado para darle gloria al Señor… ¡tú también! Darle gloria a Dios significa hablar bien de Él o vivir de manera que muestre lo maravilloso que es Él. **Apocalipsis 4:11**

Conexión con Cristo: La Biblia enseña que Dios le dio a Jesús poder sobre la creación. Todo fue creado a través de Él, por Él y para Él. **Colosenses 1:15-22**

Mientras Adán y Eva estaban en el huerto, se les acercó una serpiente (que, en realidad, era Satanás).

La serpiente le preguntó a Eva si Dios en verdad había dicho que no podían comer de uno de los árboles, y le dijo que no moriría si comía el fruto… ¡sería como Dios! La serpiente era astuta y la convenció.

Eva comió el fruto que Dios les había prohibido, y le convidó un poco a Adán. Así, Adán y Eva pecaron. Como Dios es justo, el pecado de Adán y Eva debía recibir un castigo. Eva tendría un gran dolor al tener sus hijos, y Adán debería trabajar mucho para obtener alimento del suelo. Tendrían que abandonar el huerto y, un día, morirían. Dios les mostró que todavía los amaba, y les hizo ropa con pieles de animales antes de que se fueran. Adán y Eva tuvieron muchos hijos, que también estaban contaminados por el pecado.

Generaciones más tarde, Dios vio que las personas en la tierra estaban llenas de pecado. Le entristeció haber creado el mundo, y decidió enviar un diluvio a la tierra, para que todos murieran. Pero Dios tuvo compasión de un hombre llamado Noé y le indicó que construyera un arca. Noé era un hombre justo que intentaba seguir al Señor en todas las cosas. Dios prometió mantener a salvo a Noé y a su familia en el arca cuando llegara la lluvia. También envió pares de toda clase de animales al arca, para que pudieran sobrevivir.

Noé, su familia y los animales entraron al arca, y Dios cerró la puerta. Llovió durante 40 días y 40 noches. Las aguas cubrieron la tierra y todo lo que había sobre ella murió. Cuando bajaron las aguas, Noé y su familia salieron del arca. Noé construyó un altar al Señor y lo adoró. Dios puso un arcoíris en el cielo y prometió no volver a enviar un diluvio nunca más.

El plan de Dios para mí: ¿Alguna vez pecaste? Pecar es romper la ley de Dios, o hacer algo que queremos, en lugar de lo que Dios quiere. Todos pecamos, y Romanos 3:23 enseña que el castigo que merecemos por nuestro pecado es morir y estar separados de Dios para siempre. Menciona algunas maneras en las que has desobedecido a Dios. El Señor nos pide que confesemos nuestros pecados. **1 Juan 1:9**

Conexión con Cristo: Dios es santo. El pecado evita que seamos santos y nos separa de Dios. No hay nada que nosotros podamos hacer para ser santos, así que Dios envió a Jesús a vivir una vida perfecta y santa, para poder pagar por nuestros pecados. De esa manera, todos los que aman a Jesús y confían en Él pueden volver a tener una relación personal con Dios. **Romanos 6:23**

Dios prueba a Abraham Génesis 22:1-19

Dios bendijo a Noé y a su familia. Les dijo que tuvieran muchos hijos, para que la tierra se volviera a llenar de gente.

Dios formó muchas naciones a partir de estas personas, y elegiría a una como Su pueblo. Abram y Sarai seguían a Dios, y se transformaron en el comienzo de esa nación. Dios le dijo a Abram que dejara su hogar y fuera a una tierra que Él le mostraría. Le prometió que todas las personas de la tierra serían bendecidas a través de él.

Abram obedeció. Entonces, ¡Dios le prometió que sus hijos serían tan numerosos como las estrellas en el cielo!

Abraham no tenía hijos todavía, y era viejito. Pasaron muchos años, y Abram se preguntó si Dios cumpliría Su promesa. Entonces, Dios volvió a hablarle. Le cambió el nombre a Abraham y a su esposa la llamó Sara. ¡Dios le anunció a Abraham que tendría un hijo! Sara lo escuchó y se rió. Pensó que era demasiado anciana para tener un bebé, pero Dios cumplió Su promesa. Sara tuvo un hijo y le puso por nombre Isaac.

Cuando Isaac era un poco más grande, Dios le pidió a Abraham que lo ofreciera como sacrificio. Un sacrificio es algo de gran valor que se le entrega a Dios. En general, se sacrificaba un animal: se lo mataba sobre un altar; pero esta vez, Dios pidió el hijo de Abraham.

Abraham estaba triste, pero confiaba en Dios. Llevó a Isaac a la montaña y lo ató al altar. Justo cuando estaba a punto de hacer lo que Dios le había pedido, el ángel del Señor lo detuvo. Abraham vio un carnero atrapado en unos arbustos. ¡Dios lo proveyó para el sacrificio! El ángel del Señor prometió que Dios bendeciría a Abraham y haría grandes cosas con su familia. Dios cumplió todo lo que le había prometido a la familia de Abraham.

El plan de Dios para mí: Dios proveyó a Jesús para que fuera el sacrificio en lugar de nosotros. Nuestro pecado merecía la muerte, pero Jesús llevó sobre Él nuestro pecado en la cruz. No podemos hacer nada para ganarnos el perdón. El sacrificio de Jesús fue un regalo gratuito. ¿Alguna vez intentaste ganarte la ayuda de Dios siendo bueno? ¿Por qué no funciona esto? **2 Corintios 5:21; Efesios 2:8-9**

Conexión con Cristo: Dios proporcionó el carnero como sustituto para Isaac. De manera similar, Dios proveyó el sustituto perfecto para nosotros mediante Jesús. El Señor Jesús tomó nuestro lugar en la cruz y el castigo que merecíamos por el pecado, para que pudiéramos tener Su lugar de justicia delante de Dios. **1 Juan 4:10**

La bendición robada   Génesis 25:27-34; 27:1-45

Dios recordó Su promesa de multiplicar a los descendientes de Abraham como las estrellas.

Isaac se casó con una mujer llamada Rebeca, que no podía tener hijos. Isaac y Rebeca oraron y oraron para que Dios les diera hijos, y un día, ¡Rebeca tuvo mellizos! ¡Fue un milagro! Dios le dijo a Rebeca: «Los bebés en tu vientre se transformarán en dos naciones. Una de ellas será más fuerte que la otra, y tu hijo mayor servirá al menor».

Esaú nació primero; luego, Jacob. Esaú se transformó en un cazador, mientras que Jacob trabajaba en su casa. Un día, Esaú volvió a su hogar agotado después de cazar. Jacob estaba cocinando un guisado, y Esaú le pidió que lo convidara. Jacob le dijo a Esaú que le serviría un poco, pero solo si Esaú renunciaba a su primogenitura. La primogenitura es el derecho de hermano mayor, una promesa de que la riqueza familiar le pertenecería a Esaú algún día. Esaú tenía tanta hambre que renunció a su derecho.

Más adelante, cuando Isaac era muy viejo, llegó la hora de bendecir a Esaú. ¡Jacob se disfrazó e intentó engañar a Isaac para que le diera la bendición que le pertenecía a Esaú! Cuando Esaú se enteró, se puso furioso y quería matar a Jacob, así que Jacob se fue a vivir con unos parientes.

Jacob vivió lejos de su hogar durante muchos años. Tenía esposas, hijos y ganado. Entonces, un día, Dios le ordenó que regresara a su casa. Jacob fue, pero tenía miedo de que Esaú todavía estuviera enojado con él. Una noche, mientras estaban de viaje, Dios luchó con Jacob, y al amanecer, Dios lo bendijo y le cambió el nombre a Israel.

Esaú se encontró con Jacob antes de llegar a su casa. Recibió bien a su hermano, y sus familias se fueron a vivir cerca. La promesa de Dios para Abraham continuaría a través de Jacob. Su familia sería el pueblo de Dios. Se los llamaría israelitas.

El plan de Dios para mí: Jacob pecó al engañar a su hermano y a su padre. El pecado nos separa de Dios, pero el Señor no se sorprende cuando hacemos algo mal. Dios sabía que Jacob pecaría, pero igualmente lo amaba y planeaba enviar a Jesús a través de la familia de Jacob. ¿Alguna vez podrías hacer algo tan malo que Dios dejara de amarte? ¿Acaso hay alguien a quien Dios no pueda perdonar? **Romanos 8:38-39**

Conexión con Cristo: Jacob es un ejemplo perfecto de por qué necesitamos un Salvador. Al igual que Jacob, buscamos un derecho y una bendición que no nos pertenecen, pero no podemos mentir ni engañar para recibir la bendición del Señor. Jesús compartió Su derecho de hermano mayor y Su bendición con nosotros cuando pagó por nuestros pecados en la cruz y nos dio Su justicia. **Gálatas 3:29**

Los sueños de José se cumplen Génesis 41:53–46:34; 50:15-21

Jacob tenía doce hijos, pero José era su favorito. Incluso le dio a José una túnica especial de muchos colores. Esto enfureció a sus hermanos. Y, para empeorar las cosas, José les contó dos de sus sueños. En ambos, los hermanos se arrodillaban ante José y lo servían. Como los hermanos no querían que esto sucediera, planearon matar a José. Lo arrojaron a un pozo, pero más tarde, un grupo de personas que se dirigía a Egipto pasó por ese camino lo rescató. Esta gente compró a José como esclavo. Los hermanos le dijeron a su padre que José había sido asesinado por un animal salvaje, y Jacob se puso muy triste.

Sin embargo, Dios estaba con José. A José lo pusieron a cargo de la casa donde vivía, pero más adelante, lo arrojaron a la cárcel por algo que no había hecho. Mientras estuvo en la prisión, Dios bendijo a José y lo ayudó a interpretar sueños. José interpretó un sueño del copero del faraón, quien, más tarde, le habló al faraón sobre José. Al tiempo, ¡José también interpretó los sueños del faraón!

Los sueños del faraón significaban que habría poca comida en la tierra durante siete años. Como Dios le había dado a José la habilidad de interpretar este sueño, el faraón le pidió que pensara en un plan para que todo Egipto tuviera alimento durante esos siete años. Al faraón le agradó lo que hizo José, y lo puso a cargo de todo Egipto; era el segundo que mandaba después del rey.

Cuando la hambruna llegó, y no hubo nada de comer en la tierra, los hermanos de José fueron a Egipto porque necesitaban alimentos. Sin embargo, no reconocieron a su hermano. Se inclinaron ante él, como lo había anticipado su sueño muchos años antes. José les dijo: «No teman. Planearon algo malo en mi contra, pero Dios lo usó para traer una gran bendición». Les pidió a sus hermanos que fueran a buscar a Jacob y a todas sus familias. José prometió cuidarlos allí en Egipto. Se aseguraría de que tuvieran suficiente comida durante el tiempo en que faltaran alimentos, y de que su familia siguiera viviendo en Egipto muchos años.

El plan de Dios para mí: José no era perfecto, pero no había hecho nada para merecer lo que sus malvados hermanos le hicieron. Jesús sí era perfecto y no merecía el castigo que soportó por todo lo malo que hacía la gente. ¿Alguna vez te castigaron por algo que no hiciste? Jesús fue voluntariamente a la cruz, ¡para que pudiéramos hacer las paces con Dios! **Isaías 53:5**

Conexión con Cristo: Dios usó el mal que le habían hecho a José y lo transformó en algo bueno. Un día, Jesús llegaría a través de la familia de José. Los que crucificaron a Jesús quisieron hacerle mal, pero Dios había planeado que, a través de Su muerte, todos los que confiaran en Él pudieran ser justificados. ¡Todos los que acuden a Jesús pueden ser salvos! **Romanos 10:13**

Los israelitas cruzan el Mar Rojo Éxodo 13:17–17:7

José murió, y pasaron muchos años. Comenzó a reinar un nuevo faraón, que no conocía las grandes cosas que José había hecho. En cambio, tenía miedo de que la familia de José se adueñara de Egipto, así que los transformó en esclavos. El faraón también ordenó que arrojaran al río Nilo a todos los bebés varones.

Una mamá no quería que esto le sucediera a su hijo, así que lo colocó en un canasto, esperando que alguien lo salvara. La hija del faraón lo encontró y lo rescató, y le puso de nombre Moisés.

Moisés creció y, un día, Dios le habló desde una zarza ardiente, un pequeño árbol espinoso en llamas, y le dijo que sacara a Su pueblo de la esclavitud en Egipto. Moisés fue a ver al faraón, pero este no quiso dejar ir a Israel. Entonces, Dios mostró Su poder enviando plagas, para convencer al faraón de que dejara ir a Su pueblo. Todos los egipcios perdieron a sus hijos mayores y las primeras crías de su ganado, y hubo una gran tristeza en la tierra. ¡El faraón tenía miedo de lo que podía suceder, así que les dijo a los israelitas que se fueran inmediatamente!

El Señor condujo a Su pueblo hacia el mar Rojo, pero el faraón cambió de opinión y envió a su ejército para traer de regreso al pueblo. Los israelitas se llenaron de miedo. ¿Cómo escaparían? Sin embargo, Dios estaba con Su pueblo. Dividió el mar en dos, ¡y los israelitas cruzaron por tierra seca! El agua se cerró detrás de ellos, y el ejército egipcio se ahogó en el mar.

Dios condujo a los israelitas con una columna de nube durante el día y de fuego durante la noche. Después de tres meses, Dios le dijo a Moisés: «Si me escuchan y guardan mi pacto, serán mi pueblo». Más adelante, Dios volvió a hablar con Moisés en una nube de truenos y relámpagos, y le dio los Diez Mandamientos para ayudar a Su pueblo a saber cómo vivir. Dios sabía que no podrían cumplir estas leyes a la perfección, así que creó un sistema para que sacrificaran animales una vez al año para pagar por sus pecados. Aunque el pueblo de Dios se alejaba frecuentemente de Él, el Señor siguió siendo fiel con Su pueblo.

El plan de Dios para mí: Dios rescató a Su pueblo de Egipto y le enseñó a vivir de manera que le diera honra a Él. Dios nos dio la Biblia para que sepamos todo lo que hizo por nosotros y cómo podemos vivir dándole gloria. ¿Qué aprendiste de la Biblia? ¿Cómo puedes aprender más sobre lo que Dios quiere que hagamos? **2 Timoteo 3:16-17**

Conexión con Cristo: Dios salvó a Moisés con un propósito especial: rescatar a Su pueblo. La última plaga fue la muerte de los primogénitos, o sea de los hijos que nacieron primero en cada familia, y representa el pago necesario por nuestro pecado: la muerte. El pueblo de Dios recordaría este suceso todos los años, porque Dios los salvó del juicio que experimentaron los egipcios. A través de Jesús, Dios perdona las cosas malas que hacemos y podemos ser parte del pueblo de Dios. **1 Pedro 3:18**

Después de un largo viaje por Egipto, los israelitas por fin llegaron a Canaán, la tierra prometida por Dios. Dios les dijo que enviaran a doce hombres para inspeccionar la tierra. Moisés hizo lo que Dios le había indicado y les dijo a los hombres que trajeran frutos de la tierra. Cuarenta días después, ¡los hombres regresaron con un racimo de uvas tan grande que tuvieron que llevarlo entre dos hombres con un palo! ¡Era una tierra magnífica!

Pero en lugar de estar entusiasmados con esta tierra, los israelitas se pusieron tristes. Sabían que la tierra era buena, pero pensaban que la gente que vivía en Canaán era demasiado poderosa como para ganarle. Creyeron que no había servido de nada aquel largo viaje.

Solo Josué y Caleb confiaban en que Dios les daría la tierra que les había prometido. Le dijeron a los israelitas que no tenían por qué tener miedo, porque Dios estaba con ellos, pero ellos no quisieron escuchar. Dios se enojó y los castigó por no confiar en Él. Su pueblo pasaría 40 años vagando por el desierto, y solo Josué y Caleb podrían entrar a Canaán, porque ellos habían confiado en Dios.

Incluso en el desierto, Dios mostró Su misericordia a Israel. Les dio agua de una roca, alimento y ropa que no se les gastara. Igualmente, el pueblo se quejaba. Dios se enojó y envió serpientes, y muchas personas murieron.

Entonces, Moisés le pidió a Dios que se llevara las serpientes, y Dios le dijo que hiciera una imagen de una serpiente y la colocara sobre un poste. Moisés obedeció, ¡y todos los que miraban la serpiente de bronce después de ser mordidos quedaban sanos! Una vez más, Dios mostró misericordia en el desierto, incluso cuando el pueblo pecó. Les dio una manera para volver a estar sanos.

Años más tarde, el pueblo de Dios llegó a la tierra prometida. ¡Dios cumplió Su promesa! Los ayudó en la batalla y les entregó la tierra.

El plan de Dios para mí: Los israelitas olvidaron cómo Dios siempre les había provisto todo lo que necesitaban y no confiaron en Él para entrar a la tierra prometida. ¿Alguna vez te olvidas de que Dios siempre cumple Sus promesas? ¿Qué significa para ti confiar en Dios? **Deuteronomio 7:9**

Conexión con Cristo: El pecado creó un gran problema para los israelitas. Debido a nuestro pecado: estamos separados de Dios, y merecemos morir. La serpiente de bronce fue un ejemplo de lo que Jesús sería para nosotros: cualquiera que mire a Jesús en la cruz y confíe en Él será salvo y podrá restaurar su relación con Dios. **Juan 3:14-15**

Poco después de que el pueblo de Dios entrara a Canaán, Josué murió. Sin que Josué les recordara su compromiso con Dios, los israelitas comenzaron a desobedecer y a adorar ídolos. Dios estaba enojado y permitió que otras naciones los atacaran. Después de ser gobernados por otra nación durante muchos años, los israelitas clamaron a Dios y se alejaron de sus pecados. Entonces, Dios levantó un juez para guiarlos. Pero los israelitas volvían a hacer lo mismo una y otra vez: desobedecían a Dios, clamaban arrepentidos y surgía otro juez entre ellos.

Después de ser gobernados por jueces durante muchos años, los israelitas pidieron un rey, para ser como las naciones que los rodeaban. Se olvidaron de que Dios era su Rey.

Saúl se transformó en el primer rey de Israel, pero no obedeció a Dios. El Señor rechazó a Saúl y eligió un nuevo rey, pero el cambio de poder no sucedió enseguida. El nuevo rey que Dios había elegido se llamaba David, era el más jovencito entre ocho hijos y pastor de ovejas.

En esa época, los filisteos se prepararon para atacar a Israel, y Saúl envió su ejército a pelear contra ellos. ¡Goliat era un guerrero filisteo que medía tres metros de alto! Quería que Israel enviara a su mejor hombre a pelear con él cuerpo a cuerpo, ¡pero nadie se animaba!

David fue a ver cómo estaban sus hermanos, que formaban parte del ejército israelita. Mientras estaba allí, David decidió que pelearía contra Goliat, pero la armadura que le ofrecieron era demasiado grande. Solo llevó consigo su honda y cinco piedritas. Goliat se burló de David, pero él respondió: «Tú vienes a mí con lanza y espada, ¡pero yo peleo en el nombre de Dios!». David sacó una piedra, la arrojó con su honda, ¡y le pegó a Goliat justo en la frente! Goliat cayó al suelo y quedó derrotado.

Después de que David mató a Goliat, fue a vivir al palacio de Saúl. Allí, se hizo muy amigo del hijo de Saúl, Jonatán. Saúl se puso celoso de David y planeó matarlo, pero Jonatán lo ayudó a escapar. A pesar de todo esto, con el tiempo, David se transformó en el rey. Dios le prometió que todos los reyes futuros de Israel vendrían de su familia. De esta forma, el Señor estaba continuando la promesa que le había hecho a Abraham y, un día, Jesús surgiría de la familia de David.

El plan de Dios para mí: Los israelitas se arrepintieron de sus pecados y se volvieron a Dios muchas veces, pero después pecaban otra vez. ¿Qué significa arrepentirse? Cuando nos arrepentimos de nuestros pecados, se los confesamos a Dios, nos alejamos del pecado y nos acercamos a Él. Cuando seguimos a Jesús, todavía pecamos, pero Dios quiere que nos alejemos de ese pecado y nos acerquemos a Él. ¡Dios quiere que pensemos en todas las cosas buenas que ha hecho por nosotros y que lo adoremos! **Hechos 3:19**

Conexión con Cristo: Los israelitas no tenían ninguna posibilidad de vencer a Goliat, su enemigo más fuerte, ¡pero Dios le dio a David el poder para derrotarlo! David nos recuerda a Jesús, que vino a salvarnos de nuestros mayores enemigos: el pecado y la muerte. Jesús es nuestro héroe supremo y el Rey perfecto. Nos da salvación y la vida eterna. **Romanos 10:9-10**

Isaías predica sobre el Mesías Isaías 53

Pasaron muchos años, y distintos reyes gobernaron a los israelitas. Algunos eran buenos y otros malos, pero todos pecaron y tuvieron que enfrentar las consecuencias. Israel siguió con su modelo de pecar, clamar a Dios y volverse a Él. Dios envió profetas para recordarle a Israel Su bondad y la necesidad de acercarse a Él. Los profetas le hablaron al pueblo de los peligros de vivir de manera que no agradaba a Dios, y de lo que sucedería en el futuro, pero Israel no siempre entendía las enseñanzas de los profetas.

Dios habló a través del profeta Isaías para pedirle al pueblo que se volviera a Dios, pero ellos no quisieron escuchar. Aunque el pueblo estaba lejos de Dios, el Señor le dijo a Isaías que algunos de los israelitas volverían a ser Su pueblo. Dios prometió que enviaría a un Mesías que pagaría por los pecados del pueblo, y que todos los que lo amaran y confiaran en Él serían restaurados ante Dios. El Señor anunció que los hombres rechazarían al Mesías y que cargaría nuestros pecados. Este Mesías sería perfectamente inocente, pero moriría para pagar por nuestros pecados.

Dios usó a los profetas para darle esperanza a Su pueblo, y después de esperar cientos de años, todo lo que dijo Isaías se cumplió.

Pasaron unos 700 años entre las profecías de Isaías sobre Jesús y el nacimiento del Mesías.

Fue un largo tiempo para esperar, pero Dios cumplió las promesas que hizo sobre el Mesías. Jesús no sería el rey que el pueblo de Dios había esperado o pedido; sería aun mejor.

El plan de Dios para mí: ¿Por qué necesitamos un Salvador? Así como Israel pecó, todos pecamos. Nuestro pecado nos separa de Dios, y no podemos hacer nada para restaurar nuestra relación con Él. Solo Jesús podía hacer algo para arreglar esta separación. Jesús vino para que pudiéramos tener salvación y vida eterna, al darnos Su lugar ante Dios. **Hechos 4:12**

Conexión con Cristo: El plan de Dios de salvar a Su pueblo del pecado y la muerte no era ningún secreto. Aunque la desobediencia del pueblo de Dios parecía ser un problema demasiado grande, Dios tenía una solución aún más grande. Los profetas le dijeron a Israel que vendría un Salvador que los liberaría, no de las dificultades que enfrentaban, ¡sino del pecado! Se referían a Jesús, quien vendría a restaurar todas las cosas y a darles perdón a todos los que confiaran en Él. **Isaías 61:1-2; Lucas 4:18-19**

Durante cientos de años, el pueblo de Dios esperó al Mesías. Pasaron 400 años desde que Dios había hablado mediante uno de Sus profetas, y parecía que se había quedado en silencio. Entonces, Dios envió a un ángel para hablarle a María sobre lo que iba a suceder.

María vivía en Nazaret y estaba comprometida con José, un hombre de la familia del rey David, cuando se le apareció Gabriel, un ángel del Señor. Este le dijo: «¡Alégrate! Dios te ha mirado con agrado. Él está contigo. No tengas miedo, María. Tendrás un hijo, y lo llamarás Jesús. Él será grande, y será llamado Hijo del Altísimo. Dios le dará el trono de David, y Su reino no tendrá fin».

«¿Cómo puede ser?», preguntó María. «Todavía no estoy casada».

Gabriel respondió: «El Espíritu Santo vendrá sobre ti, y Dios será el padre del niño. Será llamado Hijo de Dios. ¿Recuerdas a tu parienta Elisabet? Ella no podía tener hijos, pero ahora está a punto de dar a luz a un varón. Nada es imposible para Dios».

María respondió: «Le pertenezco a Dios. Que se cumpla todo lo que has dicho». Entonces, el ángel se fue.

Cuando José se enteró de que María estaba embarazada, decidió dejarla sin hacer ningún escándalo. Entonces, el ángel se le apareció a José y le dijo que no tuviera miedo de casarse con María. El ángel le informó que el bebé era de Dios, y que debían llamarlo Jesús. Él salvaría al pueblo de sus pecados. José lo creyó y tomó a María como su esposa.

Después de hablar con el ángel, María fue a ver a su parienta Elisabet. Cuando María entró a la casa, el bebé en el vientre de Elisabet, que era Juan el Bautista, saltó de alegría. ¡Elisabet y el bebé dentro de ella reconocieron que el bebé que María tendría era el Hijo de Dios! Juan el Bautista crecería y les contaría a muchos sobre este milagroso Jesús que nacería de María.

El plan de Dios para mí: ¿Alguna vez te dijeron que sucedería algo y te produjo mucho entusiasmo y emoción? Quizás iban a hacer un viaje, o llegaría un nuevo bebé a la familia. ¡El nacimiento de Jesús fue el anuncio más grande y maravilloso que podíamos recibir! Desde el principio del tiempo, Jesús fue el plan para salvar al pueblo de Dios de su pecado, ¡y por fin había llegado! **Isaías 9:6**

Conexión con Cristo: El bebé Jesús cumplió la profecía de Isaías, así como otras profecías sobre la venida del Salvador a través del Antiguo Testamento. Mediante Su vida, muerte y resurrección, Jesús cumplió el plan de Dios de redención, que había comenzado desde el principio del mundo. **Isaías 7:14**

El nacimiento de Jesús Lucas 2:1-20

Cuando María estaba embarazada de Jesús, el emperador romano ordenó que todos se registraran con un censo, que es una lista de las personas que viven en un lugar. Todos tuvieron que viajar a la ciudad de donde era su familia para que pudieran anotarlos en la lista. Como José era de la familia del rey David, él y María se fueron de Nazaret a Belén. Necesitaban encontrar un lugar donde quedarse, pero no había una habitación disponible y se quedaron donde guardaban a los animales. Llegó la hora de que María tuviera su bebé, así que Jesús nació allí. María lo envolvió en tiras de tela y lo acostó en un pesebre.

En un campo cercano, había pastores que cuidaban sus ovejas, porque era de noche. De repente, un ángel del Señor se les apareció, y una luz brillante los envolvió. ¡Se quedaron asombrados! El ángel los tranquilizó: «¡No teman! ¡Les traigo buenas noticias! Hoy, el Salvador, que es el Mesías y el Señor, nació en la ciudad de David. Lo encontrarán envuelto en pañales y acostado en un pesebre». Entonces, el cielo se llenó de ángeles que cantaban a Dios y decían: «¡Gloria a Dios en las alturas, y paz en la tierra para aquellos en quien Dios se complace!».

Los pastores corrieron a Belén para ver al bebé. Allí, encontraron a María y a José con Jesús, acostado en un pesebre, tal como lo había anunciado el ángel. Los pastores regresaron a sus campos, alabando a Dios por todo lo que habían visto y oído.

Cuando Jesús todavía era pequeño, unos hombres sabios de oriente llegaron desde muy lejos para adorarlo. Habían visto una estrella que los guió a Belén, y le preguntaron al rey Herodes dónde había nacido el Rey de los judíos. Esto hizo enojar a Herodes. Él no quería que hubiera ningún otro rey. Entonces, planeó matar a Jesús, pero no sabía dónde estaba.

Los sabios de oriente siguieron su camino, y la estrella los guió hasta la casa de Jesús. Le llevaron regalos de oro, incienso y mirra, y se arrodillaron a adorarlo. Más tarde, María y José se mudaron a Egipto, para mantener a salvo a Jesús. Cuando Herodes murió, regresaron a Israel, donde Jesús creció.

El plan de Dios para mí: Dios envió a Jesús a nacer en el mundo como un bebé, para que tuviera una vida perfecta que nosotros no podíamos vivir, y ser el sacrificio justo que hacía falta para pagar por nuestros pecados. El amor de Dios por nosotros es tan grande que estuvo dispuesto a enviar a Su único Hijo a morir en la cruz para salvar al mundo. ¿Qué sientes al saber cuánto te amó Dios para hacer algo así? **Juan 3:16-18**

Conexión con Cristo: Jesús había nacido, tal cual habían anunciado los profetas. No era cualquier bebé; era el Hijo de Dios, enviado a la tierra desde el cielo. Jesús vino al mundo para salvar a la gente de sus pecados y ser su Rey. **Gálatas 4:4-5**

Jesús viajó a Jerusalén para que todo lo que se había escrito sobre Él se cumpliera. ¡Entró a la ciudad como si fuera un rey! Entró montado en un burrito, y una gran multitud colocó sus túnicas sobre el camino mientras Él pasaba. Todos gritaban: «Bendito es el Rey que viene en el nombre del Señor. ¡Paz en el cielo y gloria en las alturas!». Muchos en la multitud creyeron que Jesús era el Rey prometido, pero algunos conspiraban en su contra.

Mientras tanto, la Pascua se acercaba. Este era el día en el que el pueblo de Dios se reunía a comer y recordaba lo que Dios había hecho para sacarlos de la esclavitud en Egipto y llevarlos a la tierra prometida. Jesús compartió la comida de Pascua con Sus discípulos. Sin embargo, no fue una cena común y corriente. Jesús dijo que, en todas las comidas futuras de Pascua, tenían que recordar Su muerte que nos ofreció el perdón de los pecados.

Después de la cena, Jesús y los discípulos fueron al huerto de Getsemaní. Jesús sabía lo que estaba por suceder. Fue a orar solo y cayó al suelo, diciendo: «Padre, si es posible, permite que no tenga que tomar esta copa de sufrimiento. Pero que se haga tu voluntad». Después, volvió con Sus discípulos, y al rato, llegó una multitud guiada por Judas, y todos llevaban espadas y palos. Arrestaron a Jesús y los discípulos huyeron.

Los líderes del templo dijeron que Jesús había hablado en contra de Dios, pero el gobernador romano no creyó que Jesús hubiera hecho nada malo. Intentó liberar al Señor, pero la multitud gritó para que lo crucificara. Se burlaron de Jesús, lo golpearon y lo clavaron en una cruz. Durante las últimas tres horas de Jesús en la cruz, una oscuridad cubrió la tierra. Entonces, Jesús clamó a Dios y murió. La tierra tembló, y el velo en el templo se rasgó en dos.

Luego, pusieron el cuerpo de Jesús en una tumba, con una gran piedra en la entrada. Tres días más tarde, un ángel del Señor quitó la piedra, y Jesús salió de la tumba. ¡Jesús estaba vivo! ¡Se había levantado de entre los muertos, como había anticipado!

El plan de Dios para mí: A través de la muerte de Jesús, tenemos el perdón de los pecados, y mediante Su resurrección, todos los que creen en Él tienen la promesa de la vida eterna. Jesús murió en la cruz en tu lugar para que tus pecados pudieran ser perdonados. Cuando amamos a Jesús y confiamos en Él, ¡aprovechamos el regalo de Su vida perfecta! ¡Es el mejor regalo que podríamos recibir! ¿Cómo reaccionarías frente a un regalo excelente? ¿Cómo debemos responder al regalo que Jesús nos ha dado? **Juan 15:13**

Conexión con Cristo: La crucifixión y la resurrección de Jesús son el centro del evangelio. Merecemos morir por nuestro pecado, pero Jesús murió en nuestro lugar. Fue el sacrificio de sangre que se hizo una vez y para siempre para perdonar los pecados. A Dios le agradó el sacrificio de Jesús y levantó al Señor de entre los muertos para reinar sobre toda la creación. Solo a través de Jesús, somos perdonados. **Juan 3:16-18; Hechos 4:12**

Jesús se les aparece a los discípulos

Marcos 16:14; Lucas 24:36-43; Juan 20:19-29; Hechos 1:3

Poco después de resucitar, Jesús se unió a dos discípulos que iban por el camino a Emaús. Ellos no lo reconocieron, y estaban hablando de lo que había sucedido con Jesús. Él les explicó que todo había sucedido para cumplir lo que los profetas habían anunciado sobre Él. Cuando los hombres por fin se dieron cuenta de que estaban hablando con Jesús, Él desapareció de su vista. Entonces, los discípulos corrieron a contarles la noticia a los demás.

Todos los discípulos estaban escondidos en una casa, porque tenían miedo de que los hicieran sufrir como a Jesús, porque eran Sus seguidores. Entonces, de repente, ¡Jesús apareció en medio de ellos! ¡Los discípulos estaban aterrorizados! Pero Jesús respondió: «¿Por qué tienen miedo? Miren mis manos y mis pies. ¡Soy yo!». ¡Los discípulos se llenaron de alegría! ¡Jesús había resucitado de los muertos!

Jesús pasó 40 días en la tierra después de resucitar, y se apareció a más de 500 personas. Les dijo: «Vayan por todo el mundo y prediquen la buena noticia sobre mí a todas las personas. Hagan discípulos a todas las naciones y bauticen a la gente en el nombre del Padre, del Hijo y del Espíritu Santo. Enséñenles a obedecer todo lo que yo les he mandado. Yo estoy con ustedes». Jesús también les dijo a los discípulos que ascendería al cielo, pero enviaría el Espíritu Santo para estar con ellos y con todos los que confiaran en Él. Entonces, Jesús subió al cielo en una nube, hasta que lo perdieron de vista. Después, apareció un ángel y les dijo que Jesús había sido llevado al cielo, pero que volvería otra vez. Jesús vendría de la misma manera en que fue llevado al cielo. Así, sucedió todo lo que Jesús había anunciado.

El plan de Dios para mí:
Dios te ama tanto que estuvo dispuesto a enviar a Su único Hijo, Jesús, a morir en la cruz por tus pecados. Y después, ¡lo resucitó de los muertos! ¿Por qué es importante que Jesús resucitara? Dios nos mostró que aceptó el sacrificio de Jesús por nuestros pecados mediante la resurrección de Jesús, y nos dio la promesa de la vida eterna. **1 Corintios 6:14**

Conexión con Cristo:
La buena noticia sobre lo que Jesús hizo para rescatarnos de nuestros pecados es demasiado grande como para guardárnosla. Antes de que Jesús volviera al cielo, les dio a los discípulos una tarea. Jesús quiere que Sus seguidores enseñen a todos lo que Él enseñó. **1 Corintios 15:1-7**

Jesucristo regresará   Apocalipsis 19–22

Cuando Jesús ascendió al cielo, vino el Espíritu Santo y la iglesia empezó a crecer. Se corrió la noticia sobre Jesús, ¡y muchos creyeron! Sin embargo, otros se opusieron al crecimiento de la iglesia. Nacieron y murieron generaciones y generaciones de personas. Y entonces, nosotros aparecemos en la historia. Jesús prometió que un día regresaría, así como se fue al cielo.

Dios le dio a Juan una visión del cielo y le mostró lo que sucedería cuando Jesús regrese a la tierra. Juan vio los cielos abiertos y a Jesús sobre un caballo blanco. Tenía una túnica manchada de sangre, los ojos como fuego, y muchas coronas. Un ejército vestido de lino blanco lo seguía. Satanás, que aparecía como una bestia, peleaba contra el jinete, pero no ganaba. Era arrojado a un lago de fuego. Entonces, había un cielo nuevo y una Tierra nueva.

Cuando llegue ese día, la gloria de Dios brillará con tanta intensidad que ya no harán falta ni el sol ni la luna. Dios vivirá con los hombres. Ellos serán Su pueblo, y Él será su Dios. Enjugará todas las lágrimas de sus ojos. La muerte, la tristeza y el dolor ya no existirán, y el pueblo de Dios estará con Él para siempre.

El plan de Dios para mí:
Ahora que terminaste la historia, ¿cómo puedes responder? Puedes responder entendiendo quién es Dios (un Dios Santo) y quién eres tú (un pecador). Ora y dile a Dios que has pecado y que quieres que Él guíe tu vida. Aléjate del pecado y acércate a Jesús, y confía solo en Él para salvarte. Puedes estar seguro de que Dios estará siempre contigo mediante el Espíritu Santo, y de que irás al cielo cuando mueras. ¡Tus pecados están perdonados y eres un cristiano y un hijo de Dios! Después, querrás contarles a otros sobre esta decisión. Habla con un adulto sobre el bautismo para mostrar que eres un seguidor de Jesús, y busca una iglesia donde puedas participar, para que las personas allí te ayuden a seguir a Jesús. Puedes aprender más sobre Jesús y sobre cómo vivir para Dios leyendo la Biblia y hablando con Él todos los días.

Pídele a Dios que te ayude a vivir para Él. ¡Dale gracias por salvarte a través de Jesús!

Abajo, anota la decisión que tomaste:

_____

_____

_____

Conexión con Cristo:
Jesús prometió volver pronto a la tierra. Cuando regrese, los que conocen y aman a Jesús estarán con Él y disfrutarán de Su presencia para siempre. Dios reparará todas las cosas malas que causó el pecado. Ya no habrá más muerte, dolor ni lágrimas. Jesús hará nuevas todas las cosas. **Apocalipsis 21:5**